SUPPLÉMENT AUX ŒUVRES

DE

CHARLOTTE DE CORDAY

PUBLIÉES PAR

UN BIBLIOPHILE NORMAND

EN 1863.

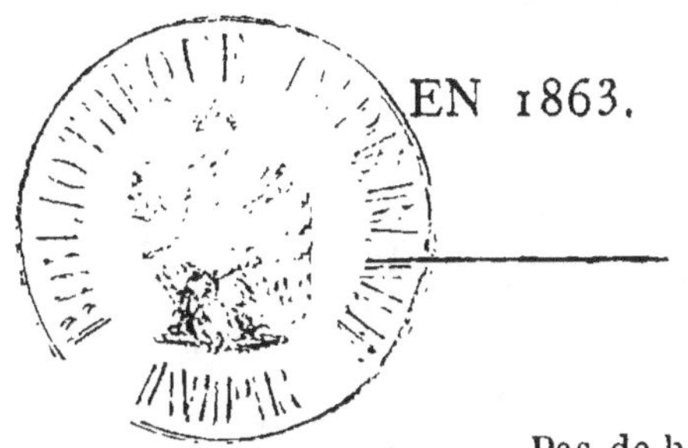

« ..... Pas de honte pour l'héroïne qui se
« dévoua aveuglément à sa patrie ; mais pas
« de gloire pour la femme qui tua un homme
« sans défense, et qui ne daigna pas même
« en demander pardon à Dieu. »

PAUL DELASALLE.

CAEN
LE GOST, LIBRAIRE
RUE ÉCUYÈRE, 36.

PARIS
FRANCE, LIBRAIRE
QUAI VOLTAIRE, 9.

1864

Notre époque appartient décidément aux études historiques; et, chose remarquable, la plupart des publications que nous voyons apparaître ont pour objet ou pour but les grandes figures de la Révolution.

Aux monographies déjà connues des Jean-Bon-Saint-André, des Saint-Just, des Danton, vont succéder sans interruption celles de Charlotte Corday, de Marie-Antoinette, de Robespierre aîné, et de divers autres acteurs du grand drame inauguré en 1789.

Grâces à une certaine classe de collectionneurs qui, en donnant satisfaction à leurs innocentes manies, deviennent à leur insu d'utiles auxiliaires de la science; grâces surtout aux explorations patientes des chercheurs et aux pièces que les uns et les autres tirent de l'oubli, nos écrivains s'emparent des matériaux découverts et bientôt le terrain soigneusement déblayé et nivelé verra s'élever le monument indestructible de cette partie de notre histoire nationale comprenant la période révolutionnaire, monument d'autant plus inattaquable qu'il aura pour base la vérité.

Nous avons été frappé des questions suivantes

que se pose dans son livre l'impartial et consciencieux auteur d'une des monographies dont nous venons de parler :

« Pourquoi l'oublieuse génération qui a suivi la
« Révolution française, a-t-elle si injustement dé-
« parti le blâme et l'éloge?

« Pourquoi avec l'impardonnable légèreté qui
« caractérise notre nation, a-t-elle accepté sans
« contrôle des jugements injustes et cruels?

« Pourquoi a-t-elle attribué tout le mal aux uns,
« tout le bien aux autres, tandis qu'il eût fallu peser
« tout dans une balance égale ?

« Pourquoi l'exécration à ceux-là, et l'admiration
« à ceux-ci? »

Nous ne nous hasarderons pas à résoudre ces questions dont la solution est un peu complexe, mais nous espérons fermement que les temps sont proches, où la vérité découverte et courageusement propagée aura raison des préjugés, de la passion, des haines et de l'esprit de parti.

Il y a quelques mois à peine, nous éditions les œuvres de Charlotte de Corday, composées exclusivement des écrits politiques de cette femme célèbre et déjà cette publication est incomplète, de nouveaux documents ayant été découverts depuis. A ce livre, quel que soit son peu d'importance, il faut un supplément; nous le donnons sans hésiter, en avouant que, dans l'une et l'autre partie de notre travail, nous aurons eu uniquement le très-mince mérite d'avoir offert une compilation au public.

Parmi les appréciations spontanées des journaux sur notre livre, nous avons remarqué un article de la *Revue de l'Instruction publique* qui critique notre titre. Ce ne sont pas des œuvres politiques que vous avez publiées, dit l'auteur de l'article, par une excellente raison, c'est qu'il ne ressort de vos documents ni système, ni théorie politique ; votre livre est seulement un recueil de pièces curieuses......

Nous demandons pardon au rédacteur de la *Revue* de n'être point de son avis ; nous n'avons qu'une licence à nous reprocher dans notre publication, c'est d'avoir donné le nom d'*Œuvres* aux lettres de Charlotte de Corday, lettres qui n'avaient aucun lien apparent entre elles ; mais, comme excuse, nous dirons qu'à cause de la notoriété historique qui s'attachait au nom de notre compatriote, nous avions cru pouvoir sans inconvénient intituler *Œuvres* des lettres, dont quelques-unes ont suffi pour l'immortaliser ; le qualificatif qui suit ce mot, indiquait que nous excluions quelques pièces antérieures à la Révolution n'ayant aucune portée politique.

D'un autre côté, en admettant que les écrits publiés ne continssent qu'en germe ou à l'état d'ébauche les théories politiques de Mlle de Corday, il ne s'ensuivrait pas nécessairement que le choix fait par nous de ses lettres politiques dût anéantir notre titre ou l'amoindrir ; il nous semblait que la terrible sanction donnée par Charlotte le 13 juillet 1793 à ses idées politiques, si faiblement accusées qu'elles fussent dans ces œuvres, était encore de nature à justifier notre titre.

Néanmoins, pour éviter toute chicane de mots sur un titre, nous donnerons dans ce supplément tout ce qui reste à connaître des manuscrits de Charlotte de Corday.

La collection de ses œuvres comprendra donc :

Lettre à Mme Duhauvelle ;

Le billet à Lecavelier ;

Deux lettres à une amie ;

La lettre à Mlle du Fougeran du Fayot ;

La lettre à Marat ;

L'adresse aux Français ;

La lettre aux membres du comité de sûreté générale qui avait déjà figuré dans l'isographie française avant la publication de Mme Louise Colet ;

Celle à son père écrite de sa prison ;

La lettre ou plutôt les deux lettres à Barbaroux ;

Et le billet adressé à Doulcet de Pontécoulant.

En tout douze pièces, les seules connues aujourd'hui.

CH. R.

Caen, mars 1864.

A

MADAME DUHAUVELLE.

« Jaurés eu lhonneur Madame de vous écrire plutôt et de vous remercier de votre souvenir, mais il m'a fallu feuilleter toutes les vies de saints pour trouver la patronne de ma petite cousine dont je vais vous dire la vie en peu de mots,

« Il y avait à Rome vers l'an 300 une femme de qualité nommée Aglaé, elle possédait des richesse immense et menait une vie très dissipée, elle navait que 3 bonnes qualités, l'hospitalité, la liberalité, la compassion, après plusieurs années passés dans le crime, Aglaé touchés de la grâce dit à Boniface son intendant aussi convertit, d'aller assister les saints martirs et de lui en aporter des reliques afin de les honorer et dobtenir par leurs intercession la remission de ses péchés, Boniface lui dit en plaisantant, si je trouve des reliques des martyrs je les aporterai, mais Madame si mes reliques vienne sous le nom des martyrs recevés lés, en effet Boniface assistant les saints fut condamné a mort et eu la tête tranchée, ses domestiques remporterent son corps, cependant un ange aparut a Aglaé et lui dit celui qui etait votre serviteurs est maintenant votre frere recevés le comme votre seigneur et le placés dignement vos pechés vous seront remis par son intercession, elle partit aussitôt avec un nombreux clergé et alla au devant des saintes reliques, Aglaé lui fit batir un superbe oratoir ou il se fit bien des miracles, des lors Aglaé renonça pour toujours au monde donna tout son bien aux pauvres, vêcut encore 13 ans dans les exercices de pieté et mourut de la mort des saints, elle fut enterrés dans la chapelle quelle avait batie a St Boniface, leglise en fait la fête le même jour.

« Voila Madame quelle fut la patronne de ma petite cousine à qui je désire une fin pareille et que jembrasse bien tendrement ainsi que son aimable sœur, on m'a dit Madame que vos afaires etaient terminées raport a votre terre je vous en fais mon sincere compliment, car il est bien heureux de savoir a quoi s'en tenir, je ne puis cependant m'en rejouir puisque c'est un présage certain que vous allés nous quitter, je desire Être dans le cas de vous voir encore l'année prochaine et de vous assurer de vive voix du respect avec lequel je suis Madame et chère cousine votre trés humble et trés obeissante servante.

« CORDAY (1).

« Ma sœur me charge de vous présenter son respect elle dit mille chôse honête a vos petites.

« Ce 24 septembre 1788.

A la 3e page on lit :

« LETTRE DE CHARLOTTE CORDAY.

« Cette lettre m'a été donnée, le 9 juillet 1822 par la sœur de l'infortunée Charlotte Corday.

« Signé : LAMOUROUX. »

---

(1) La signature s'aperçoit parfaitement encore sous les traits de plume dont on l'a biffée dans un temps où l'on craignait d'être compromis par le nom de l'héroïne.

La connaissance de cette lettre nous a été donnée par M. J. Travers, l'érudit conservateur de la bibliothèque de Caen, qui a eu l'original aux mains.

L'adresse timbrée de Caen est ainsi conçue :

« *A Madame*

« *Madame Duhauvelle en sa terre des Authieux*
« *par Lisieux proche Livaro.*

« *Aux Authieux.* »

Nous ignorons le nom du possesseur actuel de cette lettre ; nous savons seulement qu'il habite Paris.

A

M. LECAVELIER.

« Je ne puys, Monsieur, vous marquer ma reconnaissance du petit ouvrage que vous avés bien voulu faire en
faveur de *Bien-Aimée*, quand vous faisant part des applau-
dissements et des hommages qu'il a attirés a son auteur
quoiqu'inconnu, car ce n'est pas sans peine que je suis
parvenue moi-même à savoir à qui j'avés cette obligation.
Rien ne peint mieux nos sentiments que ces vers si tou-
chants (1). Je vous prie, Monsieur, d'être persuadé de la
reconnaissance et des sentiments respectueux avec lesquels
je suis de l'auteur de *Bien-Aimée* la très humble et très
obéissante servante.

« CORDAY.

« Ce 10 septembre. »

Ce billet, successivement possédé par M. Abel
Vautier, député du Calvados et par M. J. Travers,
est maintenant dans la collection de M. Léon de la
Sicotière, avocat à Alençon. Les doutes que nous
avions conservés sur son attribution à Charlotte de

______

(1) Ces vers de Lecavelier, qui avait gardé l'anonyme, étaient
adressés à une personne de la maison de Corday appelée familière-
ment *Bien-Aimée*, à l'occasion de sa fête ou d'une convalescence,
d'après ce que nous a assuré le fils de l'auteur. Nous avons fait
d'inutiles recherches pour nous procurer l'opuscule qui les contient
et qui, imprimé à Caen, a été naturellement tiré à un nombre très-
restreint d'exemplaires.

Corday, ont dû disparaître devant les affirmations d'authenticité de personnes compétentes.

Un auteur dont le nom fait autorité pour tout ce qui se rattache à Charlotte, a, dans un article du *Pays*, journal de l'Empire, du 28 décembre dernier, assigné la date de 1792 à ce billet ; c'est une *coquille* typographique, sans doute, car nous avons des motifs sérieux d'affirmer que ce billet est au plus contemporain de la lettre précédente.

Quand nous n'aurions pour asseoir notre opinion à cet égard qu'à faire remarquer le contraste du style gourmé et prétentieux du billet, avec celui des lettres de 1792, si plein de charmes et de naturel, nous pourrions encore être autorisé à attribuer cette pièce à l'enfance de Charlotte de Corday.

A

UNE AMIE.

PREMIÈRE LETTRE.

« Mars 1792.

« Est-il possible, ma chère amie, que pendant que je murmurés contre votre paresse, vous fussiés la victime de cette cruelle petite vérole. Je crois que vous devés être contente d'en être quitte, et de ce qu'elle a respecté vos traits ; c'est une grâce qu'elle n'accorde pas à toutes les jolies personnes. Vous étiés malade, et je ne pouvés le savoir. Promettés-moi, ma très-chère, que si cette fantaisie vous reprend. vous me le manderés d'avance, car je ne trouve rien de si cruel que d'ignorer le sort de ses amis. Vous me demandés des nouvelles ; à présent, mon cœur, il n'y en a plus dans notre ville ; les âmes sensibles sont ressuscités et parties ; les malédictions que vous avés proférées contre notre ville font leur effet ; s'il n'y a pas encore d'herbe dans les rues, c'est que la saison n'en est pas venue. Les Faudoas sont partis, et même une partie de leurs meubles. M. de Cussi a la garde des drapeaux ; il épouse un peu Mlle Fleuriot. Avec cette désertion générale, nous sommes fort tranquilles, et moins il y aura de monde, moins il y aura de dangers d'insurrection.—Si cela dépendait de moi, j'augmenterés le nombre des réfugiés à Rouen, non par inquiétude, mais, mon cœur, pour être avec vous, pour profiter de vos leçons ; car je vous choisirés bien vite pour maîtresse de langue, anglaise ou italienne, et je suis sûre que je profiterés avec vous de toute manière. Mme Bretteville, ma tante, vous remercie bien de votre souvenir et du désir que vous avés de contribuer à son repos ; mais sa santé et son goût ne lui permettent aucun soulagement : elle attend avec confiance les événements futurs, qui ne paraissent pas désespérés: elle vous prie de témoigner à Mme L.... toute sa reconnaissance de son souvenir, et de lui dire que personne ne peut lui être plus sincèrement attachée ; elle vous regrette beaucoup l'une et l'autre, et se persuade, ainsi que moi, que vous n'êtes pas près de revenir dans une ville que vous méprisés si justement. Mon frère est parti, il y a quelques jours, pour augmenter le nombre des chevaliers errants ; ils pourront rencontrer à leur chemin des *moulins à vent*. Je ne saurés penser, comme nos fameux aristocrates, qu'on fera une entrée triomphante sans combattre, d'autant que l'armement de la nation est formidable; je veux bien que les gens qui sont pour eux ne soient pas disciplinés, mais cette idée de liberté donne quelque chose qui ressemble au courage, et d'ailleurs le désespoir peut encore les servir; je ne suis donc pas tranquille, et de plus quel est le sort qui nous attend ? Un despotisme épouvantable ; si l'on parvient à renchaîner le peuple, c'est tomber de Charybde en Scylla, il nous faudra toujours souffrir. Mais, ma belle, c'est un journal que je vous écris contre mon intention, car toutes ces lamentations-là ne nous guériront de rien ; pendant le carnaval, elles doivent être plus sévèrement proscrites. Je vous diré une triste nouvelle pour moi, c'est que j'ai égaré votre lettre; je ne sais plus votre adresse; si celle-la vous parvient, je vous prie de me le mander tout de suite. Mme Malmonté est partie pour la campagne avec

Mme Malherbe et je ne sais à qui avoir recours; c'est pourquoi je ne veux en rien faire connaître mon nom à ceux qui pourraient à votre place, et contre ma volonté, prendre lecture de mon griffonnage.

« Je reprends ma lettre, qui a dormi plusieurs jours, ma très-belle, parce qu'on nous annonçait de grands événements que je voulés vous mander, et rien n'est arrivé; tout est en paix malgré le carnaval, dont on ne s'aperçoit pas; les masques sont défendus; vous trouverés cela juste. M. de Faudoas est de retour; on ne sait pourquoi, personne ne comprend sa conduite. Servés-moi d'interprète auprès de Mme L...., et l'assurés de mon respectueux dévouement. Adieu, mon cœur. »

DEUXIÈME LETTRE.

Cette deuxième lettre, écrite à la même personne, est datée de mai 1792 et est reproduite à la page 7 de notre premier travail; mais après ces mots : *Adieu ma belle, je vous quitte,* qui terminent cette lettre, on doit ajouter pour compléter :

« Car il m'est impossible d'écrire plus long-temps avec cette plume, et je crains d'avoir déjà trop tardé à vous envoyer cette lettre; les marchands doivent partir aujourd'hui. Je vous prie de me servir d'interprète, de dire de ma part à Mme L.... les choses les plus honnêtes et les plus respectueuses. Ma tante me charge de lui témoigner, ainsi qu'à vous, combien son souvenir lui est cher, et vous prie

de compter sur son sincère attachement. Je ne vous dis
rien de ma tendresse, je veux que vous en soyés persuadée
sans que je radote toujours la même chose. »

La fin peu importante de cette lettre nous était
échappée par suite d'une erreur de copiste.

Ces deux lettres sont extraites d'un article de
M. Casimir Perrier sur la jeunesse de Charlotte de
Corday, inséré dans la *Revue des Deux-Mondes*.

L'épisode relatif aux troubles de Verson dont parle
la lettre du mois de mai, est rappelé dans un opuscule, in-4°, intitulé : *Conduite révolutionnaire des
commune et société populaire de Caen*, de l'imprimerie
nationale du département, 18 pages, in-4°. — 12 florial
an II, sous les signatures : Costy ; Ameline ; Desloges ;
Fanet ; Descoty et Dantresme, aîné, commissaires.
Ce rapport confirme ce que nous avions dit sur la
cause de ces troubles dans notre première brochure.

Mme Malherbe et je ne sais à qui avoir recours ; c'est pourquoi je ne veux en rien faire connaître mon nom à ceux
qui pourraient à votre place, et contre ma volonté, prendre
lecture de mon griffonnage.

« Je reprends ma lettre, qui a dormi plusieurs jours,
ma très-belle, parce qu'on nous annonçait de grands événements que je voulés vous mander, et rien n'est arrivé ;
tout est en paix malgré le carnaval, dont on ne s'aperçoit
pas ; les masques sont défendus ; vous trouverés cela juste.
M. de Faudoas est de retour ; on ne sait pourquoi, personne
ne comprend sa conduite. Servés-moi d'interprète auprès
de Mme L...., et l'assurés de mon respectueux dévouement.
Adieu, mon cœur. »

DEUXIÈME LETTRE.

Cette deuxième lettre, écrite à la même personne,
est datée de mai 1792 et est reproduite à la page 7
de notre premier travail ; mais après ces mots : *Adieu
ma belle, je vous quitte*, qui terminent cette lettre,
on doit ajouter pour compléter :

« Car il m'est impossible d'écrire plus long-temps avec
cette plume, et je crains d'avoir déjà trop tardé à vous
envoyer cette lettre ; les marchands doivent partir aujour-
d'hui. Je vous prie de me servir d'interprète, de dire de
ma part à Mme L.... les choses les plus honnêtes et les plus
respectueuses. Ma tante me charge de lui témoigner, ainsi
qu'à vous, combien son souvenir lui est cher, et vous prie

de compter sur son sincère attachement. Je ne vous dis rien de ma tendresse, je veux que vous en soyés persuadée sans que je radote toujours la même chose. »

La fin peu importante de cette lettre nous était échappée par suite d'une erreur de copiste.

Ces deux lettres sont extraites d'un article de M. Casimir Perrier sur la jeunesse de Charlotte de Corday, inséré dans la *Revue des Deux-Mondes.*

L'épisode relatif aux troubles de Verson dont parle la lettre du mois de mai, est rappelé dans un opuscule, in-4°, intitulé : *Conduite révolutionnaire des commune et société populaire de Caen,* de l'imprimerie nationale du département, 18 pages, in-4°. — 12 florial an II, sous les signatures : Costy ; Ameline ; Desloges ; Fanet ; Descoty et Dantresme, aîné, commissaires. Ce rapport confirme ce que nous avions dit sur la cause de ces troubles dans notre première brochure.

A

Mlle ROSE FOUGERAN DU FAYOT,

DEPUIS Mme RIBOULET.

A

Mlle ROSE FOUGERAN DU FAYOT,

DEPUIS Mme RIBOULET.

« Ce 28 janvier.

« Vous savés l'affreuse nouvelle, ma bonne Rose, vostre cœur comme mon cœur en a tressailli d'indignation, voilà donc nostre pauvre France livrée aux misérables qui nous ont desjà fait tant de mal. Dieu sait où cela s'arrêtera. Moi qui connés vos bons sentiments je puys vous en dire ce que je pense.

« Je frémis d'horreur et d'indignation. Tout ce qu'on peut rêver d'afreux se trouve dans l'avenir que nous prépare de tels événements. Il est bien manifeste que rien de plus malheureux ne pouvait nous arrivé. J'en suys presque réduite à envier le sort de ceux de nos parents qui ont quitté le sol de la patrie, tant je désespère pour nous de voir revenir cette tranquillité que j'avés espérée il n'y a pas encore lontems. Tous ces hommes qui devaient nous donner la liberté, l'ont assassinée, ce ne sont que des bourreaux. Pleurons sur le sort de notre pauvre France.

« Je vous says bien malheureuse, et je ne voudrés pas faire couler encor vos larmes par le récit de nos douleurs. Tous mes amis sont persécutés, ma tante est l'objet de toutes sortes de tracasseries depuis qu'on a sçu qu'elle avait donné asyle à Delphin quand il a passe en Angleterre. J'en fairés autant que lui si je le pouvés, mais Dieu nous retient icy pour d'autres destinées.

« Le Capitaine a passé par icy en retournant d'Evreux, c'est un homme aimable et qui vous est fort attaché ; je

l'estime beaucoup pour l'afection qu'il vous porte. Je ne
says où il est à présent si vous le revoyés bientôt, rappelés-
lui qu'il m'a promis une lettre de recommandation de
M. de Veygoux (1) vostre parent en faveur de mon frère.
Je voudrés quelque jour lui revaloir ce bon office. Nous
sommes icy en proye aux brigans, nous en voyons de toutes
les couleurs. ils ne laissent personne tranquille, ça en serait
à prendre cette république en horreur sy on ne savait que
les forfaits des humains n'atteignent pas les cieux....

« Bref, après le coup horrible qui vient d'épouvanter
l'univers, plaignés-moi, ma bonne Rose, comme je vous
plains vous-mesme parce qu'il n'y a pas un cœur sensible
et généreux qui ne doive répandre des larmes de sang.

« Je vous dys bien des choses de la part de tout le monde,
on vous aime toujours bien.

« Marie de CORDAY (2). »

Cet important document, écrit sept jours après la
mort de Louis XVI, inséré dans le journal le *Nord*,
numéro du 5 mars courant, a été découvert par
M. Chéron de Villiers, homme de lettres à Paris, dans
de vieux papiers de famille, il avait été adressé à
sa grand'mère ; il formera l'un des joyaux d'un

---

(1) Peut-être le général Dessaix.

(2) Le journal le *Nord* en constatant cette découverte de M. Chéron,
lui attribue le mérite d'avoir trouvé la sixième lettre de Charlotte de
Corday ; c'est une erreur, la pièce que M. Chéron de Villiers a eu la
bonne fortune de tirer de l'oubli, doit porter le n° 12 dans l'ordre de
publications successives de ces autographes.

curieux volume actuellement sous presse, ayant pour titre : *Marie-Anne-Charlotte de Corday d'Armont,* que publie M. Chéron. Ce livre, rempli de renseignements nouveaux et de documents inédits sur l'héroïne normande et sa courte vie politique, est orné d'un portrait du temps inconnu des collectionneurs, de blasons et de nombreux *fac-simile.*

Ceux qui voudraient voir dans cet autographe l'affirmation des principes religieux orthodoxes de Mlle de Corday et de ses opinions royalistes, se tromperaient gravement.

Comme principes religieux, elle paraissait professer ceux des Encyclopédistes, principes qu'elle n'avait certes pas puisés à l'Abbaye-aux-Dames.

Quant à ses opinions, elles étaient évidemment républicaines.

Ses lectures, le sujet de ses entretiens, ses visites à l'intendance à Caen et surtout ce qu'elle écrivait à Barbaroux la veille de son supplice, ne laissent aucun doute à cet égard.

Mais, chose bizarre, soit royaliste, soit républicaine, aucun parti ne la revendiquera sérieusement :

Noble, elle pactisa avec la Révolution ;

Républicaine, elle ne craignit point de descendre jusqu'à l'assassinat, (1) elle oublia que Brutus n'était

____

(1) Voir toutefois notre premier fascicule, où sont indiquées les circonstances qui auraient pu influer sur cet acte.

qu'une figure purement classique, qu'on ne pouvait plus, même alors, ni plagier ni imiter sans risque de flétrissure.

Elle donna un nouvel et saisissant exemple de l'impuissance du glaive sur l'idée :

Du même coup dont elle tua un homme, elle créa presque un *Dieu*.

On sait, en effet, que la Convention, par son décret du 25 brumaire an II, décerna les honneurs du Panthéon à Marat, et qu'à l'occasion de l'apothéose de celui-ci, on publia des pièces en vers et en prose où *l'ami du peuple* est appelé le divin Marat.

CAEN, — TYP. GOUSSIAUME DE LAPORTE.